LES AVENTURES DES MOINEAUX

scénario : Rodolphe - *dessin* : Louis Alloing - *couleur* : Christine Couturier

La machine à remonter le temps

BAYARD ÉDITIONS / ASTRAPI

ISBN 2 700 94102 0
Dépôt légal : janvier 1998
Impression et reliure par Pollina s.a., 85400 Luçon
N° d'éditeur : 3401
N° d'impression : 74701

Hé! Les Moineaux!
Les Moineaux, c'est nous! tout simplement parce que "Moineaux", c'est notre nom de famille.
Cet après-midi, on fait des crêpes chez Laure. Vous venez ?
Cet après-midi ? Mais on est samedi!
Et alors ?
Impossible! On va au Mur-au-Lierre.
Muroliaire?
Mur-au-Lierre en trois mots. C'est la maison de notre grand-père.
C'est devenu presque une habitude : tous les week-ends, on va chez grand-père et oncle Théo.
Eh ben! Vous devez drôlement vous embêter.
Pas du tout! Au contraire. On s'amuse bien.
?!
On fait plein de jeux avec notre Oncle et puis notre grand-père, c'était un savant. Il a un atelier plein de machines et de trucs formidables!
PAF!
?!
Julien! tu viens? Papa nous attend.
Euh... Oui J'arrive.

Au fait j'y pense, je ne vous l'ai pas dit : moi, c'est Julien et ma sœur, c'est Virginia. Mais tout le monde l'appelle Nina.
Montez, les enfants!
Elle a un an de plus que moi. Elle est en CM2.
Alors, Nina, ce contrôle de maths, qu'est-ce que ça a donné ?
Pas trop mal, je crois...
Dis, p'pa, on repasse à la maison ou on va directement chez grand-père ?
On va chez grand-père. Maman a apporté vos affaires.
Oncle Théo est rentré de son voyage ?
Oui, il est revenu hier.
Super!
Nous, on habite dans un grand immeuble, presque à la sortie de la ville. Mais grand-père, lui, a une vieille maison dans le centre, près de la cathédrale.
Le fameux "Mur-au-Lierre".
Bonjour, Georges! Bonjour, les enfants! Attendez, je vous ouvre.
Alors, ma grande! Comment ça se passe à l'école ?
Bien, grand-père!
Salut, tout le monde!
Moi, j'aime beaucoup la maison de grand-père. Je m'y sens vraiment bien.
Théo nous a préparé un de ses plats dont il a le secret !
Poulet basquaise. Tu aimes ça, le poulet ?
Oh oui!
2

Julien ! tu t'es lavé les mains ?
Oui, m'man ! Mmmm...
Eh bien, si tout le monde est prêt, attaquons !
L'idée est bonne ! On attaque ! Qui me passe les assiettes ?
Alors ?
Succulent !
Ça, c'est vraiment un don qui lui vient de sa mère !
Mes enfants, votre grand-mère était un véritable cordon-bleu ! Je me souviens de ses petits pâtés, de ses soufflés. Et son coq au vin, tu t'en souviens, Georges ?
Oui, papa ! Mais mange, ne laisse pas refroidir.
Et ce n'était pas sa seule qualité ! Dieu s'en faut ! Votre grand-mère était vraiment une femme extraordinaire ! Oui, extraordinaire !
Tu l'aimais vraiment beaucoup, grand-mère ?
Oh oui ! Ça c'est sûr ! D'ailleurs, tout le monde l'aimait ! Comment aurait-on pu ne pas aimer une femme pareille !
Julien ! Laisse ton grand-père manger ! Son poulet va être froid ! Alors Théo, ce voyage ?
Très bien ! oui, très intéressant.
Et ce qui est le plus étonnant dans ces pays-là, c'est que les gens vivent comme nous vivions il y a 40 ans : très peu de voitures, les postes de télévision sont rares
Ils n'ont pas de jeux vidéo ?
M'man, on a fini. On peut se lever ?
Bon ! Moi, je vais mettre le café en route.
D'accord !
1994
3

Au Mur-au-Lierre, ce qu'on préfère, Nina et moi, c'est l'atelier de grand-père.
Eh! Attends-moi!
Quand il travaillait, grand-père était ingénieur dans un centre de recherches. Et quand il rentrait chez lui, il inventait des choses pour s'amuser...
...des moteurs, des machines bizarres.
Tiens, il a remis en état la machine à repasser.
Celle pour les robes de grand-mère?
Pour le taquiner, Papa et Théo disent que le seul problème de ses inventions, c'est qu'aucune ne fonctionne.
Moi, j'aurais bien aimé la connaître, grand-mère...
C'est quoi, cette machine?
Mais ils disent ça juste pour le taquiner.
Elle est bizarre!
Oui! avant elle était rangée au fond!
Ça ressemble au vieux fauteuil qu'il y avait chez le dentiste.
A quoi peut-elle servir?
J'aime pas aller chez le... EEEEEH!!
CLAC!
ARRÊTE! ARRÊTE-LA! NINA! VITE!
Mais je ne peux pas! Je...
AAAAAAAHH!
4

Julien !!
JULIEN ! Tu n'as rien ?
NON !!! Que... que s'est-il passé ?
Je n'en sais rien ! C'est quand j'ai appuyé sur cette poignée !
Ça alors !!!
C'est comme si tout avait été déplacé !
Et nettoyé aussi ! Même les murs n'étaient pas aussi propres !
Eh bien ! Faut pas vous gêner ! Qu'est-ce que vous faites ici ?
Mais ?! Et toi ?
?!
Moi ? Mais je suis chez moi, pardi ! Ici, c'est l'atelier de mon père, figure-toi !
De ton père ?!
GEORGES !! Tu peux venir m'aider s'il te plaît ?
J'arrive, P'pa !

?!
Tiens ? tu as des petits camarades aujourd'hui ? Bonjour, jeunes gens !
Bon... bonjour, Monsieur !
Tu as vu ?? On dirait...
Grand-père quand il était jeune, hein ?
Nina... tout ça n'est pas normal ! Je commence à avoir PEUR !!
Toi aussi ?

L'atelier qui est rangé, la maison qui est repeinte. Ces gens qui sont ici comme s'ils étaient chez eux!
Et surtout cet homme qui ressemble tant à grand-père.
ZUT! J'ai oublié de brancher l'antenne.
Eh, les enfants! Vous pouvez me tenir ça une minute? Georges, toi, tu vas m'aider.
?
Dis: si c'était vraiment grand-père! Je veux dire, grand-père quand il était jeune! Alors, lui ce serait PAPA?
OUI! D'ailleurs il s'appelle Georges, aussi!
Comment on va la fixer?
Mais il aurait fallu qu'on remonte dans le temps comme dans le livre de Wells* qu'on a lu à l'école; qu'on prenne une machine?!
UNE MACHINE!!!
*"La machine à explorer le temps".
Tu crois que...
Georges! Ton goûter est servi!
Bonjour, les enfants! Georges ne m'avait pas dit qu'il avait invité des amis.
? ?
Vous pouvez venir vous aussi! C'est prêt!
GRAND-MÈRE!!!

* Frênette : boisson fabriquée à partir de feuilles de frêne.

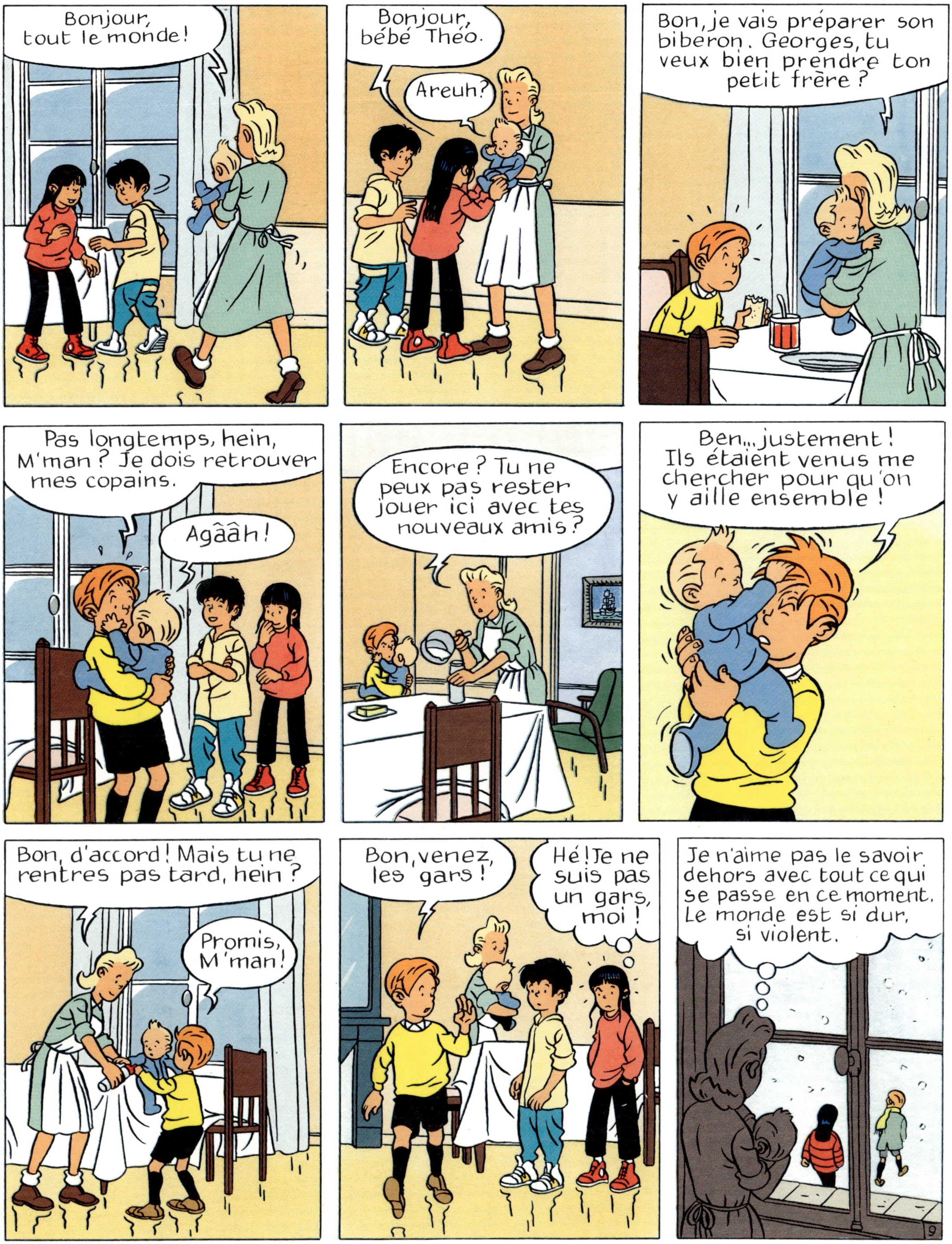
Bonjour, tout le monde !
Bonjour, bébé Théo.
Areuh ?
Bon, je vais préparer son biberon. Georges, tu veux bien prendre ton petit frère ?
Pas longtemps, hein, M'man ? Je dois retrouver mes copains.
Agââh !
Encore ? Tu ne peux pas rester jouer ici avec tes nouveaux amis ?
Ben... justement ! Ils étaient venus me chercher pour qu'on y aille ensemble !
Bon, d'accord ! Mais tu ne rentres pas tard, hein ?
Promis, M'man !
Bon, venez, les gars !
Hé ! Je ne suis pas un gars, moi !
Je n'aime pas le savoir dehors avec tout ce qui se passe en ce moment. Le monde est si dur, si violent.

Où va-t-on ?
SBLAM
Vous le verrez bien !
Hum ! vous êtes capables de garder un secret ?
?!
Bien sûr !
Un secret rudement important ! C'est une question de vie ou de **MORT !!**
Euh oui ! Absolument !
Vous le jurez !
Je le jure !
Et toi, Nina ?
Je jure de ne rien dire du secret de Georges !
Ben oui, quoi ! Contre les Allemands, voyons !
C'est vrai ! Pendant la Seconde Guerre mondiale, les Allemands ont occupé la France.
Notre repère est là-bas, juste après la maison.
Voilà : je fais partie d'un réseau de résistants !
De résistants ?
10

C'est là !
Là ? Mais il n'y a rien !
DANGER !
Hé hé ! J'ai dit que c'était un repère secret, non ?
Par ici !
La maison s'est effondrée mais la cave a tenu bon.
iiiiiik
On va se casser la figure.
Chuut !
QUI VA LÀ ?
C'est moi : Georges !
Le mot de passe ?
V comme victoire ! A bas l'Allemand et l'radis noir !
C'est bon !
J'amène de nouvelles recrues ! Lui, c'est Julien ! Et elle... comment t'appelles-tu déjà ?
?!
Nina.
11

Tu es sûr d'eux ?
Oh oui! Enfin, je crois.
Bon, on va ouvrir la séance !
C'est le chef de notre groupe ! Il s'appelle Henri. L'autre, c'est Pierre mais tout le monde dit gros-Pierre parce que...
J'ai deviné !
Moi, c'est François, et elle, c'est Julie.
Julie ?! Elle est rousse. Et elle a deux ou trois ans de moins que pap... que Georges ! Mais alors ?
Bonjour, Julie !
Bon... bonjour !
Maman !
Aujourd'hui, c'est une séance vachement importante !
Ouais ! Vachement importante !
?
Avec Pierre, on a fait un gros coup : on a piqué ça dans une voiture de la Kommandantur !
Piqué aux Allemands !
Ouais : piqué aux Allemands!
Qu'est-ce qu'il y a dedans ?
On va le savoir.
Un revolver, peut-être.
Ou des poignards.
Ou de l'argent, plein d'argent.
Un trésor !
GRAK
???!!!
12

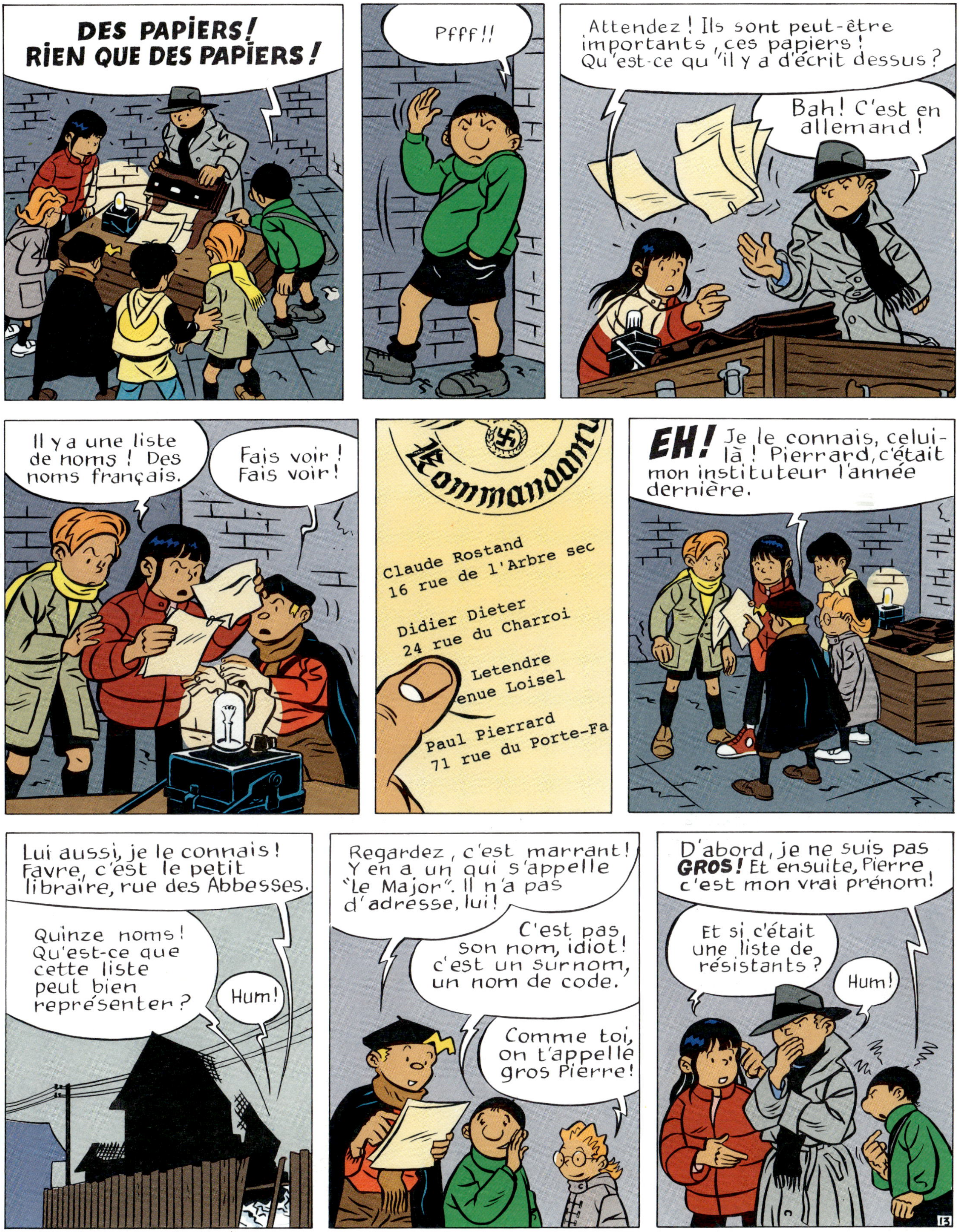
DES PAPIERS! RIEN QUE DES PAPIERS!
Pffff!!
Attendez! Ils sont peut-être importants, ces papiers! Qu'est-ce qu'il y a d'écrit dessus?
Bah! C'est en allemand!
Il y a une liste de noms! Des noms français.
Fais voir! Fais voir!
Kommandant
Claude Rostand
16 rue de l'Arbre sec
Didier Dieter
24 rue du Charroi
Letendre
enue Loisel
Paul Pierrard
71 rue du Porte-Fa
EH! Je le connais, celui-là! Pierrard, c'était mon instituteur l'année dernière.
Lui aussi, je le connais! Favre, c'est le petit libraire, rue des Abbesses.
Quinze noms! Qu'est-ce que cette liste peut bien représenter?
Hum!
Regardez, c'est marrant! Y en a un qui s'appelle "le Major". Il n'a pas d'adresse, lui!
C'est pas son nom, idiot! c'est un surnom, un nom de code.
Comme toi, on t'appelle gros Pierre!
D'abord, je ne suis pas GROS! Et ensuite, Pierre c'est mon vrai prénom!
Et si c'était une liste de résistants?
Hum!
13

* Commandement de l'armée allemande.

LAFEUILLE
LIBRAIRIE
Je compte sur vous pour être discrets, hein?
LAFEUILLE LIBRAIRIE
Ben, c'est évident!
CLING! CLING!
Hélas, non madame! Ce livre-là n'est plus autorisé. Tout ce que j'ai est en rayon.
Bon, je vais regarder.
Bonjour, jeunes gens. Que puis-je pour vous?
M'sieur! Euh...
C'est vrai que vous êtes un résistant?
HEIN!
Ach! Che crois...
Che crois que che fais prendre celle-là.
Bien... bien.
FICHEZ MOI LE CAMP! VITE!
Bande de
Eh ben?! Qu'est-ce qui lui a pris?
Mais tu es FOU ou quoi? Tu n'as pas vu que la femme, c'était une auxiliaire? Une ALLEMANDE, QUOI!
15

* Police secrète allemande.

Mais ? Dites-moi au moins ce qu'on me reproche ? De quoi on m'accuse ?
Shnell,* shnell !
C'est horrible ! Qu'est-ce qu'ils vont lui faire ?
Pauvre monsieur Pierrard !
Venez vite !
Nina avait raison. Si on ne se dépêche pas, ils vont tous les arrêter !
François, qui y a-t-il d'autre sur la liste ?
Renard... Jean Renard... 6 place sainte Anne.
Allons-y !
Sept ! Le six doit être en face !
7
6
?!!

* Vite, vite

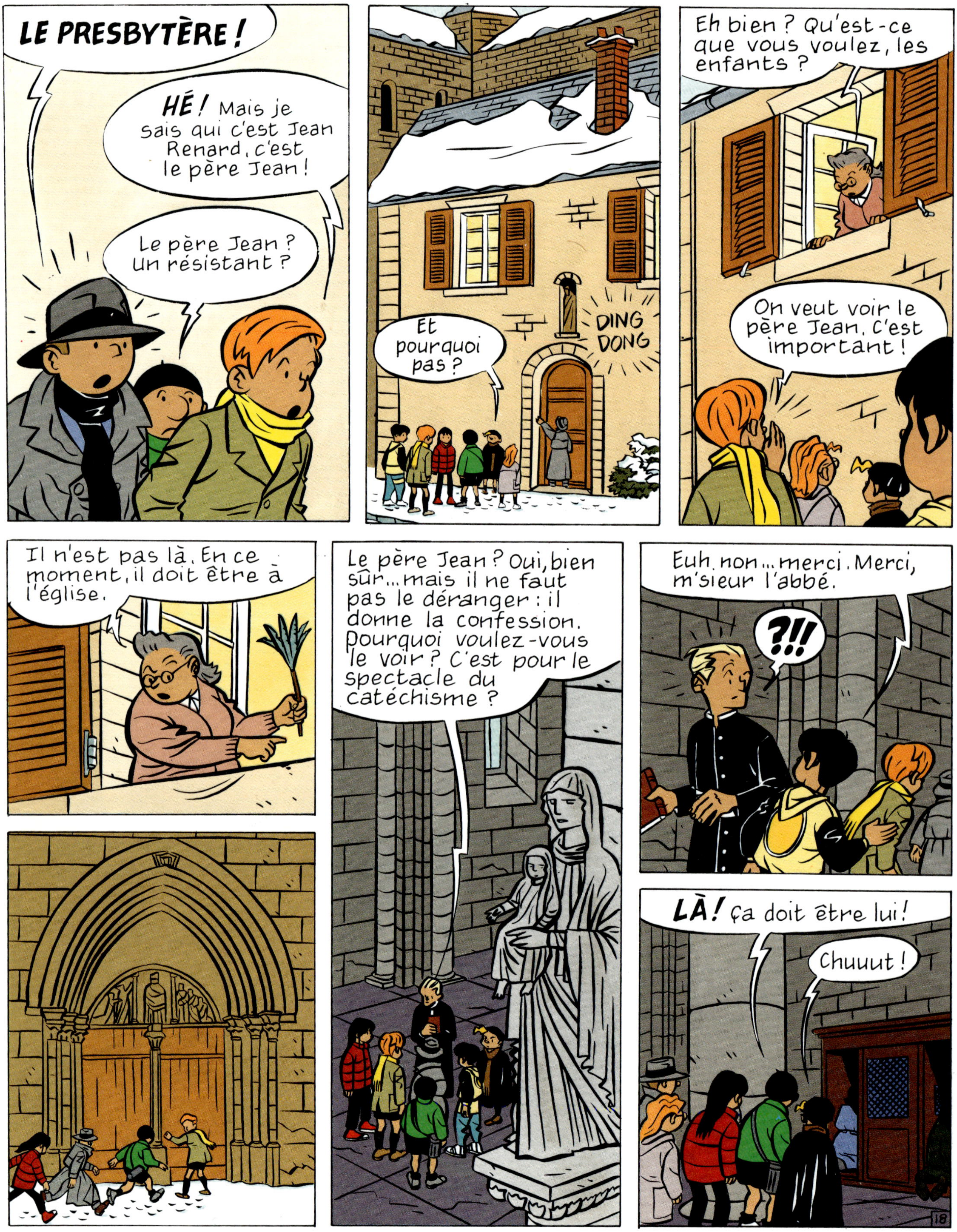
LE PRESBYTÈRE !
HÉ ! Mais je sais qui c'est Jean Renard, c'est le père Jean !
Le père Jean ? Un résistant ?
Et pourquoi pas ?
DING DONG
Eh bien ? Qu'est-ce que vous voulez, les enfants ?
On veut voir le père Jean. C'est important !
Il n'est pas là. En ce moment, il doit être à l'église.
Le père Jean ? Oui, bien sûr... mais il ne faut pas le déranger : il donne la confession. Pourquoi voulez-vous le voir ? C'est pour le spectacle du catéchisme ?
Euh, non... merci. Merci, m'sieur l'abbé.
?!!
LÀ ! Ça doit être lui !
Chuuut !
18

Comment faire pour le prévenir ?
C'est simple !
L'un d'entre nous va faire la queue comme s'il voulait se confesser.
Une fois dans le confessionnal, il lui expliquera pour la liste... comme ça, personne ne remarquera rien.
Bonne idée !
D'accord !
Qui est-ce qui y va ?
Moi j'veux bien.
AH NON ! Toi, tu as assez gaffé comme ça.
Moi aussi, je veux bien.
Toi ? Pourquoi pas ? Tu sauras lui expliquer ?
Oh oui !
Mais non ! Elle est trop petite !
Chuuut !
D'accord ! Vas-y ! Nous, on t'attend dehors, près du porche.
Pfffff !!
19

DONG
DONG
Vingt minutes ! Mais qu'est-ce qu'elle fiche ? Je vous l'avais dit qu'elle était trop petite.
Mais non ! C'est seulement qu'il y avait d'autres gens avant elle.
C'est à toi, ma grande.
Je t'écoute, mon enfant.
Vous... vous êtes le père Jean ?
Je... je ne suis pas venue pour me confesser. J'ai quelque chose à vous dire. Quelque chose de très important !
?!!
La voilà !
Alors !
Vite, raconte !

Il ne m'a rien dit ! Il fallait qu'il termine de donner la confession. Il veut qu'on revienne à huit heures.
A huit heures ?!
Mais qu'est-ce qu'on va dire à nos parents ?
Hé, la vérité, pardi ! Que le père Jean nous a demandé de venir après le dîner.
Tu es fou ! Si je dis à mon père qu'on fait de la Résistance, il ne me laissera jamais sortir. Il aurait bien trop peur !
Mais qu'il est bête !
PAF !
Tu lui dis que le père Jean nous a demandé de venir... pour préparer le spectacle du catéchisme.
Ah bon !
Bon... ben salut !
A tout à l'heure !
A tout à l'heure !
Qu'est-ce que vous faites ? Vous ne rentrez pas chez vous ?
Ben...
C'est-à-dire qu'on habite assez loin.
Hum... d'accord ! Je vais essayer d'arranger ça. Attendez-moi ici !
Que tes amis dînent avec nous ? Moi je veux bien, mais tu es sûr que leurs parents sont d'accord ?
21

* Légumes qui remplaçaient les pommes de terre pendant la guerre.

Elle ne dure pas tard, au moins, cette réunion ?
Mais non... b'soir M'man !
Tu rentres juste après, hein ? Tu ne traînes pas ?
Oui, oui ! Promis. B'soir P'pa !
Papa et maman sont gentils, mais ils ont toujours peur qu'il m'arrive quelque chose.
Bah ! Quand tu auras des enfants, je suis sûre que tu seras pareil.
Ça, ça m'étonnerait ! D'abord, moi, je serai un aventurier ! Alors forcément, j'aurai pas d'enfants !
?!!
Toi, pas d'enfants ?
Hé non !
HAHAHA HA !!
Eh bien ?! Qu'est-ce qui vous prend ? Je ne vois vraiment pas ce qu'il y a de drôle...
Ha, ha ! Ho, ho, ho !
HALTE-LÀ !
?!
23

Je vous ai bien eus, hein ?
GROS PIERRE !!
Idiot ! Tu m'as fait peur !
Hé ! C'est pas la peine de courir ! Le presbytère n'est pas si loin !
Bravo ! Grâce à toi, tout le monde sait où on va maintenant !
Bon ! Tout le monde est là ? On y va.
Tout le monde ? Qui ça ? Y'a personne !
Et puis, on peut très bien aller aider le père Jean !
Pour préparer la kermesse !
Bon, bon ! Je ne dis plus rien !
?!
HENRI !!
?!
Quoi ?! Quelqu'un nous suit ? Allons, tu...
!!!
24

Quelqu'un ? Où ça ?
Là-bas ! Juste derrière la statue !
C'est vrai ! On voyait son ombre.
COLLÈGE
Il a dû se cacher.
Je n'aime pas ça du tout !
Fichons le camp, vite !
Qui ça peut bien être ? Un type de la Gestapo ?
Ils vous ont peut-être vus voler la sacoche ?
Mais non ! Y'avait personne !
En tout cas, il vaut mieux pas qu'il sache où on va !
Ouais ! Il faut absolument le semer !
Facile à dire !
EH ! Il nous suit ! PLUS VITE !
Pff ! Moi, pff, j'peux plus courir !
Je sais ce qu'on va faire ! Suivez-moi par là !
?!
?!
25.

Pfff! Pfff!
Non, il est toujours là! Il... mon Dieu! Il a compris. Il ouvre les portes!
Si on reste là, on est cuits.
EEEH!!
Un autre immeuble qui donne sur la cour! Il y a peut-être une autre sortie?
Il avait raison, il y a une porte.
Bravo, François! On te doit une fière chandelle.
Bah!
CLACQUIN
26

On a intérêt à se grouiller ! On est sacrément en retard.
Sans doute ! Mais ça vaut mieux que d'être suivi par ce type, non ?
Quand je pense que nos parents croient qu'on prépare la kermesse !
Drôle de kermesse, oui!
En attendant, moi j'aimerais bien savoir pourquoi ce bonhomme nous suivait !
Tu crois que c'est pour récupérer la liste ?
Peut-être bien !
GARAGE
TOC ! TOC ! TOC !
Personne ?
Il n'a pas dû entendre ! Tu devrais sonner.
Non ! Le père Jean a dit de frapper.
C'est vous ? Entrez vite !

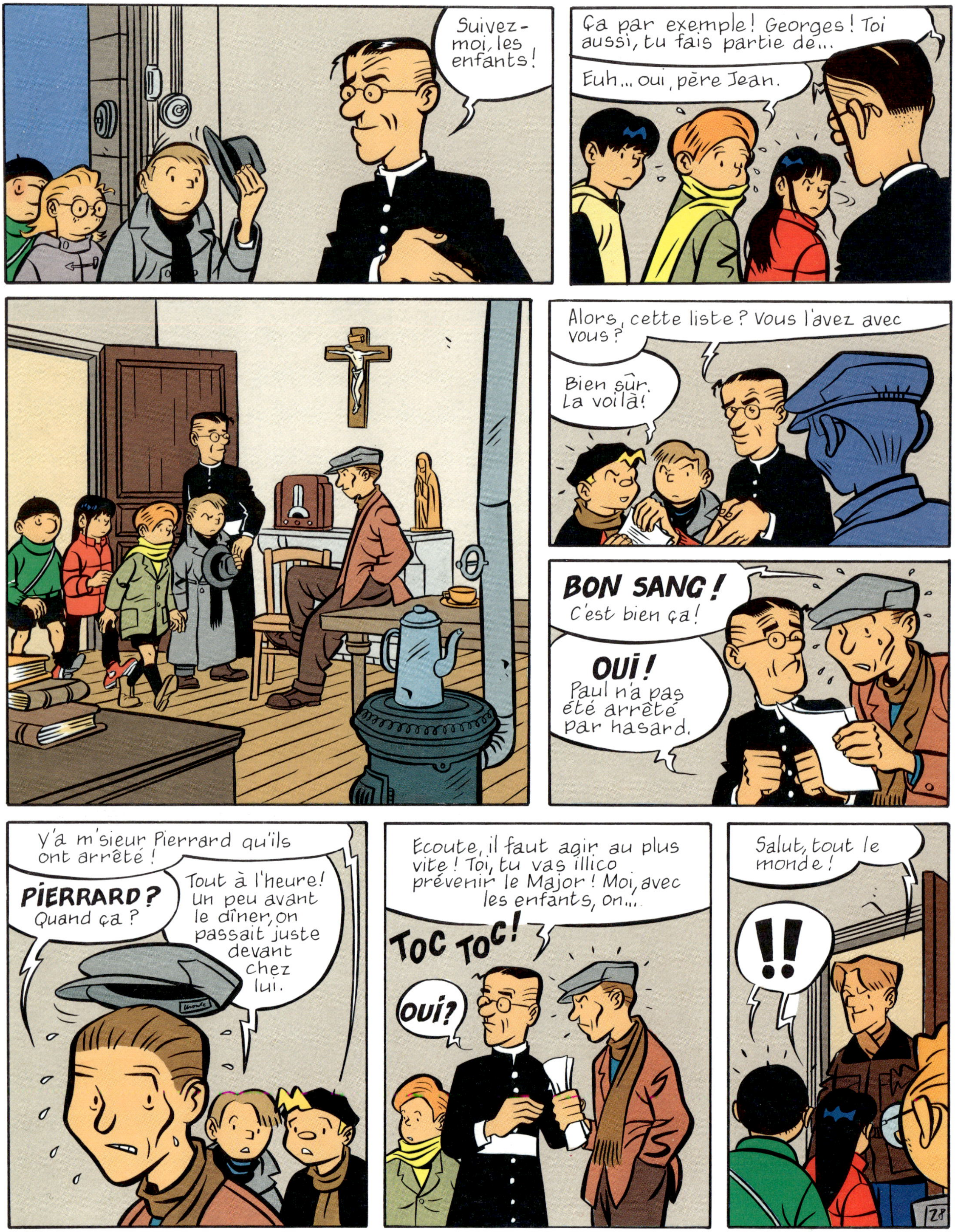
Suivez-moi, les enfants!
Ça par exemple! Georges! Toi aussi, tu fais partie de...
Euh... oui, père Jean.
Alors, cette liste? Vous l'avez avec vous?
Bien sûr. La voilà!
BON SANG! C'est bien ça!
OUI! Paul n'a pas été arrêté par hasard.
Y'a m'sieur Pierrard qu'ils ont arrêté!
PIERRARD? Quand ça?
Tout à l'heure! Un peu avant le dîner, on passait juste devant chez lui.
Ecoute, il faut agir au plus vite! Toi, tu vas illico prévenir le Major! Moi, avec les enfants, on...
TOC TOC!
OUI?
Salut, tout le monde!
!!
28

Eh bien, les enfants ! Comme ça, on a essayé de me semer ?
Vous... vous n'êtes pas un... un...
Un quoi ? Un agent de la Gestapo ?
C'est-à-dire... on avait cru.
Vous avez eu raison de vous méfier.
Mais là, pas de problème : Norbert est des nôtres.
Pourquoi il nous suivait, alors ?
Parce que je lui avais demandé.
C'est vrai que je vous connais presque tous. Mais l'affaire est trop grave pour laisser quoi que ce soit au hasard. Il fallait vérifier que vous n'étiez pas manipulés par les Allemands.
Manipulés, nous ?
Hé oui ! Tout le monde se méfie de tout le monde ! C'est l'époque qui veut ça.
Bon, ne perdons pas de temps ! On a du pain sur la planche.
Léon est allé prévenir le Major. Nous, on va se partager le travail. Quatre d'entre vous accompagneront Norbert, les trois autres viendront avec moi.
Qu'est-ce qu'on va faire ?
Prévenir ceux dont le nom est sur la liste qu'ils vont être arrêtés... et les aider à ficher le camp au plus vite !
?!
Vous... vous êtes vraiment des résistants ?
Hé oui, mon petit bonhomme ! Ça t'épate, hein ?
Oh non, pas du tout ! Nous aussi, on est résistants !
29

Occupez-vous de ceux-ci! nous, on prévient les six autres.
O.K.!
A tout à l'heure!
Bonne chance!
Eh bien, les enfants, si vous m'expliquiez un peu comment vous l'avez trouvée, cette liste?
Euh... c'est-à-dire... voilà...
Pendant ce temps.
C'est ici! Il s'appelle Charles Denvers
BANANIA
Vous vous en chargez, tous les deux? Vous lui direz "Le ciel est rouge". Il comprendra qu'il doit partir immédiatement!
D'accord!
Denvers... 2e gauche.
TOC TOC TOC
?!

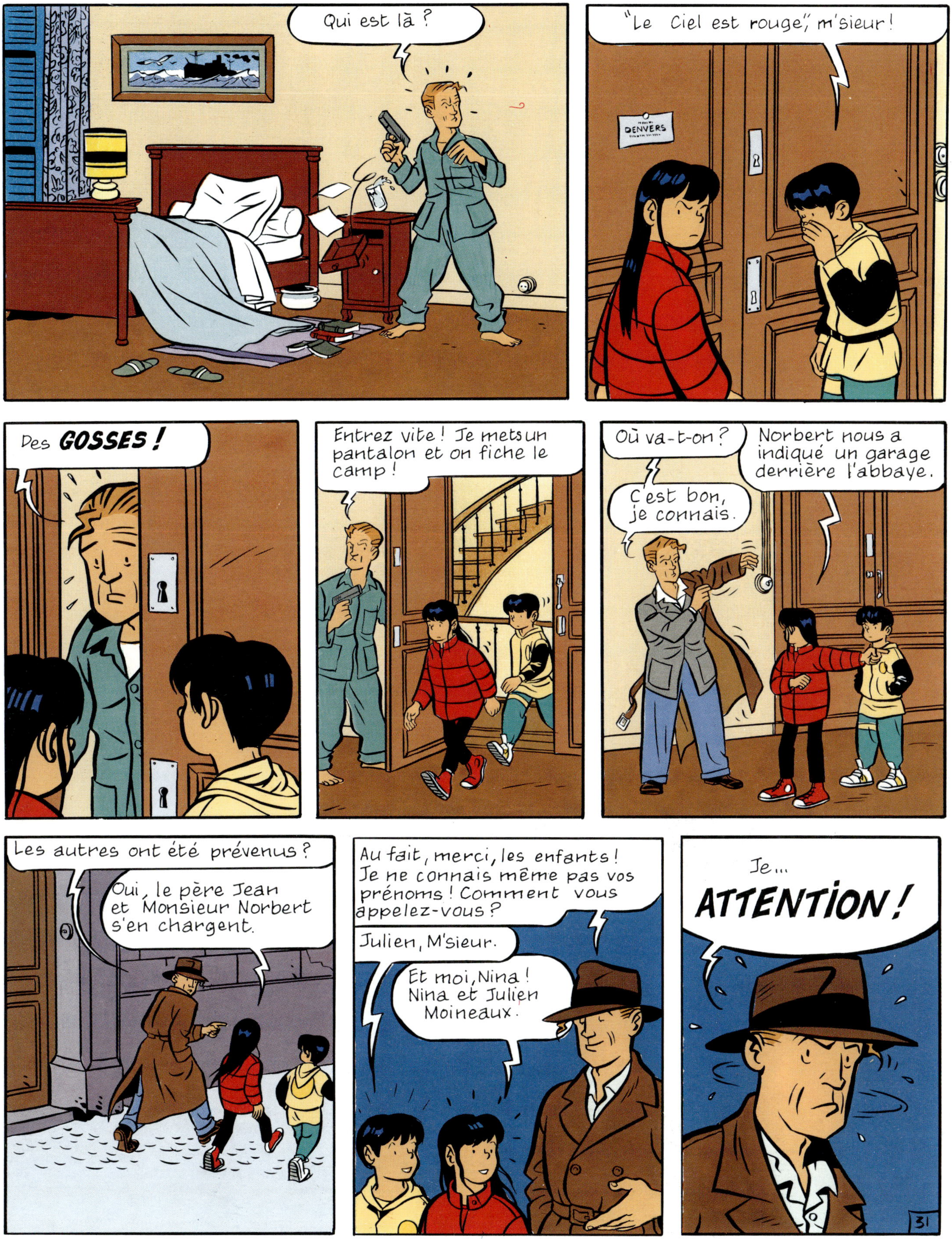
Qui est là ?
"Le Ciel est rouge", m'sieur !
DENVERS
Des **GOSSES** !
Entrez vite ! Je mets un pantalon et on fiche le camp !
Où va-t-on ?
Norbert nous a indiqué un garage derrière l'abbaye.
C'est bon, je connais.
Les autres ont été prévenus ?
Oui, le père Jean et Monsieur Norbert s'en chargent.
Au fait, merci, les enfants ! Je ne connais même pas vos prénoms ! Comment vous appelez-vous ?
Julien, M'sieur.
Et moi, Nina ! Nina et Julien Moineaux.
Je...
ATTENTION !
31

Une patrouille ! Vite, cachons-nous !
Oui, mais où ?
POPULATIONS
abandonnées
faites confiance
C'est bon ! Allons-y !
Ouf ! C'était moins une !
On arrive.
Attends ! Je vais t'aider.
CHARLES ?
?!
Père Jean ! Tout le monde est arrivé ?
On n'attend plus que Norbert et Claude.
HEEEEEEE !!!
REUL REUL REUL
Mobiloil
32

C'est Léon! Il a la camionnette!
Allons-y vite!
TCHCRRR
Le Major est prévenu. Il a fait le nécessaire. Le rendez-vous est à minuit, au Pré-aux-Lièvres.
Ah! Voilà Norbert et Claude.
En voiture!
Où allons-nous?
Pas très loin: dans un grand champ, à trois kilomètres, à la sortie de la ville.
En priant pour qu'il n'y ait pas de contrôle...
Ça va les gosses? Pas trop secoués?
Non, m'sieur, ça va!
Au fait, qu'est-ce que vous venez faire ici, vous?
Ben, m'sieur, c'est que, nous aussi, on est des résistants. Alors, entre résistants, c'est normal qu'on s'entraide, hein?
Hé!
Ça y est, on est sorti de la ville!
33

* Capitale de l'Angleterre, où se trouvait le commandement de la Résistance.

PAPA!
Georges! TOI?
GRAND-PÈRE!
Aïe! Aïe! Aïe!
Bon sang! Mais qu'est-ce que tu fiches ici?
Ne le grondez pas, Major! Il faut que je vous explique!
En fait, c'est grâce à lui et à ses camarades que le réseau est sauvé.
Comment ça?
Eh bien voilà...
Hum! C'est bien, les enfants! Je dois reconnaître que vous avez fait du bon travail!
Merci, m'sieur! Heu... Major!
Alors, c'est ton père, le Major? C'est lui, le chef du réseau de résistants?
Et tu ne le savais pas? Y t'avait rien dit?
Ben... non.
Major, il est presque moins dix! Qu'est-ce qu'on fait? On allume les feux?
O.K. allez-y!
35

* FLAK : Défense antiaérienne allemande.

* Salut, les gars ! Vous êtes prêts ?

** Vite !

* Bien! Maintenant, allons-y!

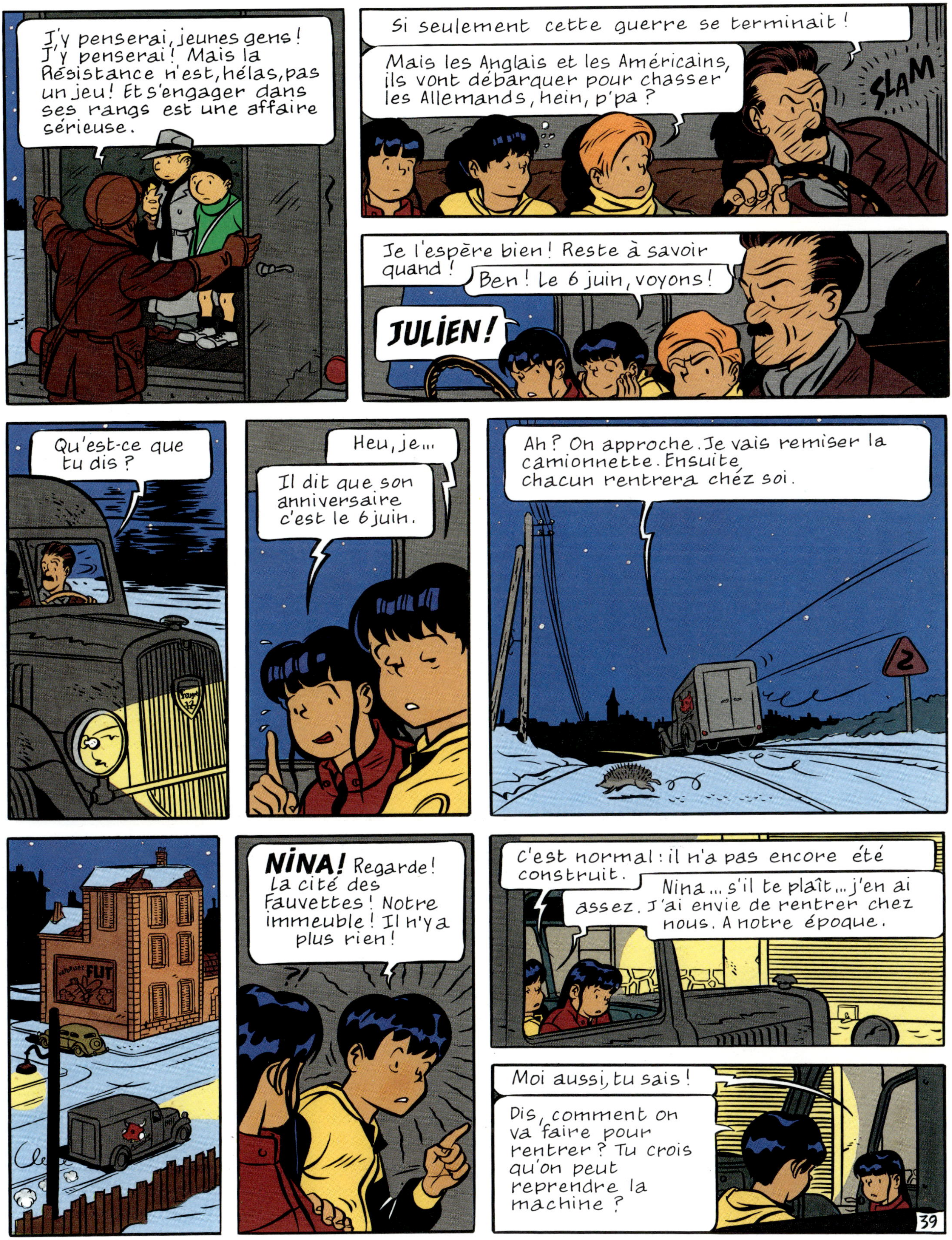
J'y penserai, jeunes gens ! J'y penserai ! Mais la Résistance n'est, hélas, pas un jeu ! Et s'engager dans ses rangs est une affaire sérieuse.
Si seulement cette guerre se terminait !
Mais les Anglais et les Américains, ils vont débarquer pour chasser les Allemands, hein, p'pa ?
SLAM
Je l'espère bien ! Reste à savoir quand !
Ben ! Le 6 juin, voyons !
JULIEN !
Qu'est-ce que tu dis ?
Heu, je...
Il dit que son anniversaire c'est le 6 juin.
Ah ? On approche. Je vais remiser la camionnette. Ensuite chacun rentrera chez soi.
NINA ! Regarde ! La cité des Fauvettes ! Notre immeuble ! Il n'y a plus rien !
?!
C'est normal : il n'a pas encore été construit.
Nina... s'il te plaît... j'en ai assez. J'ai envie de rentrer chez nous. A notre époque.
Moi aussi, tu sais !
Dis, comment on va faire pour rentrer ? Tu crois qu'on peut reprendre la machine ?
39

Bien! Maintenant, séparons-nous.
Au revoir, Julie! Tu sais, j'ai été drôlement contente de te connaître!
Moi aussi! J'espère qu'on se reverra!
Oh pour ça, oui! Tu n'as pas à t'inquiéter!
Et moi? Je peux te faire la bise aussi?
C'est fini, les embrassades?
En vrai, tu es jaloux! Toi aussi tu rêvais de l'embrasser!
Embrasser Julie? Pfff! D'abord, moi j'aime pas les rousses!
Pff, hi, hi, hi, hi, hi!
Ça y est! Ils recommencent!
Vous allez dormir à la maison. Georges m'a dit que vous habitiez trop loin pour rentrer la nuit à pied.
Merci... merci beaucoup!
Ne faites pas de bruit! Ne réveillez pas bébé Théo hein?
Promis! Bonne nuit, p'pa!
Julien! Vite! Réveille-toi! On rentre! On rentre chez nous!
Mm... que... quoi... les alliés débarquent?
40

Chuuut!
CRAAAK!
C'est ouvert!
Nina! Et si on se trompe en mettant la machine en marche? Si on arrive à une autre époque que la nôtre?
J'y ai pensé. C'est un risque à courir.
De toute façon, cette machine, c'est notre seule chance de regagner notre époque. Si on se trompe, on recommencera!
Prêt?
Heu... essaye de ne pas nous envoyer là où il y a des grosses bêtes avec des dents pointues!
CLAC!
AAAAAAAAAAAAAAHHHHHH!!!
SSSHHHHHHHH!
41

Est-ce qu'on est...?
Julien ! Nina ! Où êtes-vous ?
On a réussi ! YAOUHH !
?!
On va faire des courses avec Théo. Vous restez avec votre grand-père ?
?!
Oui, oui ! Bien sûr !
Georges, la petite Julie et bébé Théo.
Mais ? Qu'est-ce qu'ils ont à nous regarder comme ça ?
Dis p'pa, pourquoi tu nous racontes jamais comment tu étais quand tu étais petit ?
Quand tu voulais être explorateur et que tu n'aimais pas les rousses ?
HEIN ?! Quoi ?! Je...
42

C'est drôle, grand-père !
Qu'est-ce que tu trouves drôle, mon bonhomme ?
Eh bien, on vit tous ensemble, comme ça. Et en fait, on ne se connaît pas beaucoup...
Comment ça ? Moi, je te connais bien, en tout cas !
Toi oui ! Mais c'est facile, tu nous as connus tout bébé ! Nous, on te connaît seulement maintenant. Maintenant que tu es notre grand-père !
Où veux-tu en venir ?
Eh bien, regarde papa ou maman. Ils ne nous racontent jamais comment ils étaient quand ils étaient jeunes.
Ils ont peut-être oublié ? Mmmm, rudement bon, ce thé !
Et toi, tu as oublié quand tu étais jeune ?
Non. Je ne crois pas. Pourtant c'est loin tout ça ! Des vieux souvenirs !
Mon seul regret, voyez-vous, c'est elle ! J'aurais tant aimé que vous connaissiez votre grand-mère !
Mais on l'a connue, grand-père !
Elle était si douce, si gentille ! Surtout avec bébé Théo ! Et puis, elle faisait de si bonnes choses à manger.
Sauf son truc avec les topinambours.
Par le diable ! Qu'est-ce que vous me chantez là ?
43

On a fait un... un rêve, grand-père ! Un drôle de rêve, tous les deux !
C'est vrai ! On vous voyait tous, toi, papa, maman, Théo, comme vous étiez autrefois !
Et on a appris plein de choses qu'on ne savait pas !
Ah ? Et ces choses-là, était-ce des bonnes ou des mauvaises choses ?
Des bonnes ! Vous étiez tous formidables !
Papa, lui, il était plutôt rigolo !
C'est drôle tout ça... tout ce que vous me racontez ! Il y a quelques années, moi aussi, je rêvais de revoir le passé. J'avais même construit une machine.
Ah ?
Mais elle n'a jamais marché.
Tant mieux ! En voyageant dans le passé, je crois que j'aurais raté l'essentiel !
L'essentiel ?
44
L'essentiel, c'est le présent, mes chéris ! Pour un vieux bonhomme comme moi, c'est me trouver ici avec mes petits-enfants à bavarder, à raconter des bêtises.
Et à déguster ces délicieux macarons !
Vous ne croyez pas ?
AL 94

FIN

Direction de collection : Benoit Marchon et Pascal Ruffenach